W0383165

Schirner Verlag

ERIC STANDOP

GESICHTLESEN

HÄNDE IM GESICHT

IHR GEHEIMNIS
–
IHRE BEDEUTUNG

Schirner Verlag

Die Ratschläge in diesem Buch sind sorgfältig erwogen und geprüft. Sie bieten jedoch keinen Ersatz für kompetenten medizinischen Rat, sondern dienen der Begleitung und der Anregung der Selbstheilungskräfte. Alle Angaben in diesem Buch erfolgen daher ohne Gewährleistung oder Garantie seitens des Autors oder des Verlages. Eine Haftung des Autors bzw. des Verlages und seiner Beauftragten für Personen-, Sach- und Vermögensschäden ist daher ausgeschlossen.

ISBN 978-3-8434-5094-2

Eric Standop:
Gesichtlesen
Hände im Gesicht
Ihr Geheimnis – ihre Bedeutung
© 2014 Schirner Verlag, Darmstadt

Umschlag und Satz: Simone Fleck, Schirner, unter Verwendung von # 27104028 (© Beboy), www.fotolia.com; # 167753183(© baki), # 144169456 (© rui vale sousa), # 84570961 (© Olga K), www.shutterstock.com
Redaktion: Janina Vogel, Schirner
Printed by: ren medien, Filderstadt, Germany

www.schirner.com

2. Auflage September 2014

Alle Rechte der Verbreitung, auch durch Funk, Fernsehen und sonstige Kommunikationsmittel, fotomechanische oder vertonte Wiedergabe sowie des auszugsweisen Nachdrucks vorbehalten

INHALT

Einleitung

Gesichtleser werden oft gefragt, ob sie ausschließlich das Gesicht und seine Merkmale »lesen« oder ob auch andere Dinge wie beispielsweise das äußere Erscheinungsbild, die Bewegungen oder die Stimme eines Menschen für sie eine Rolle spielen. Die Fragesteller glauben häufig, dass sich Gesichtleser lediglich auf die zahlreichen Informationen des Gesichtes konzentrieren und alles andere außer Acht lassen, da es für sie von geringer Bedeutung ist.

Die Frage ist durchaus berechtigt, denn auch im Gesichtlesen hat über die zurückliegenden Jahrzehnte hinweg eine Spezialisierung stattgefunden: Das strenge Fokussieren auf einzelne Themenbereiche erlaubt eine Detailtreue, die sich aus dem Wunsch nach Perfektion speist, durch die man jedoch hin und wieder den Blick auf das große Ganze, den Menschen, aus den Augen verliert. Doch genau das ist es, was Gesichtlesen nicht möchte. Ein Gesichtleser, wenn er sich denn für alle verfügbaren Techniken wirklich interessiert, wird immer versuchen, möglichst viele Informationen zu erhalten. Nur so kann seine »Beurteilung« dem Bild gerecht werden, welches ein anderer Mensch ihm durch seine Erscheinung und nicht durch das von ihm gesprochene Wort mitteilen möchte. Nur so kann er ihn wirklich verstehen. Und was ist neben dem Gesicht die ausführlichste Quelle der Körpersprache eines Menschen? Es sind die Hände.

Überlegen Sie nur einmal, wie oft Sie am Tag Ihr Gesicht berühren, sich über das Kinn streichen oder sich an die Stirn fassen. Ist Ihnen das Fassen in die Haare, das Haareraufen nicht ebenso vertraut wie ein einfaches Ohrenzup-

fen, das Reiben der Nase oder ein gelegentliches Kratzen der Wange? Und es stellt sich die Frage: Können diese Bewegungen der Hand zum und am Gesicht wirklich nur reine Reflexe, Reaktionen auf äußere Reize sein, die wir uns bewusst oder unterbewusst abgeschaut haben? Sind sie wirklich nur kulturell bedingt und verraten rein gar nichts über den emotionalen Status eines Menschen, nichts über seine Absichten oder seine Persönlichkeit?

Gesichtleser antworten darauf: »Nein«, denn nichts geschieht rein zufällig, und nichts verändert sich ohne Grund. Unsere Gedanken und unsere Wahrnehmung als Folge von »Erlebnissen« der Sinne äußern sich eindrucksvoll in unserer Körpersprache – ein Augenzwinkern, ein Naserümpfen, ein Händereiben ... So sind unsere umfassenden Gesichtsmerkmale wie Augen, Lippen, Ohren, Nase, Stirn, Haare, Kinn, Philtrum und Wangen sehr mitteilsam: Zusammen mit den auf ihnen abgebildeten Veränderungen wie Falten, Narben, Muttermale, Hautgegebenheiten, Schweiß, Schatten und Verfärbungen geben sie uns wichtige Informationen, die wir nur auswerten müssen – und das gilt natürlich auch für all unsere aktiven Handlungen und Berührungen rund um unser Gesicht, die wir mit unseren Händen ausführen.

Wo und wie wir unser Gesicht berühren besitzt also eine große Aussagekraft. Nicht ohne Grund zählen unsere Hände daher neben unserem Gesicht – soweit keine religiösen, kulturellen oder klimatischen Gründe dagegen sprechen – zu unseren unbedeckten Körperteilen. Sie werden nicht versteckt und sind damit schneller sichtbar und für die Kommunikation sehr hilfreich. Nur sind wir uns dessen bei dem, was wir kommunizieren wollen, häufig nicht bewusst. Und auch bei unserem Gegenüber achten wir mehr auf das Gesagte denn auf seine Gestik und Mimik und messen den Worten mehr Gewicht bei, da sie uns scheinbar mehr Inhalt verstandesgemäßer Art vermitteln. Wir müssen diese nicht erst »übersetzen«, um sie uns verständlich zu machen, sondern wir können sie sofort in die jeweilige Situation einbringen. Doch auch wenn uns Worte zwar vieles mitteilen können, so werden diese leider nicht immer ausgesprochen – und selbst wenn doch, so dürfen wir uns nicht sicher sein, dass diese auch der Wahrheit entsprechen.

Hände im Gesicht eines Menschen sind da weitaus zuverlässiger, insbesondere dann, wenn wir sie mit den Merkmalen und der Mimik eines Menschen verbinden. Wo beginnt beispielsweise ein Mensch sich zu kratzen: am Kinn oder an der Nase? Wir erhalten dadurch eine weitere, eine unterbewusste Kommunikationsebene, durch die wir »zweisprachig« werden.

Natürlich ist die Gestik auch hin und wieder von der Kultur des Ausführenden geprägt. Jedoch gilt dies nur für wenige Ausnahmefälle. So sollte man zum Beispiel in einem englischen Pub niemals zwei Bier mit ausgestrecktem Zeige- und Mittelfinger bestellen, da dies als aggressive Provokation verstanden wird. Dort sollte man besser mit Daumen und Zeigefinger bestellen – was wiederum sehr ungewöhnlich für den deutschen Sprachraum ist.

Die meisten kulturellen Unterschiede finden sich also in unseren bewusst eingesetzten Gesten, dazu gehört beispielsweise auch das bewusste Schließen von Daumen und Zeigefinger zu einem Kreis. Dieses Zeichen kann in Europa für »Alles bestens« stehen, in weiten Teilen Asiens wird es wiederum als eine beleidigende Geste angesehen. Schon die Unterscheidung zeigt, dass diese Geste nichts mit einer unterbewusst gemachten gemein hat. Unterbewusste Gesten finden sich deckungsgleich an jedem x-beliebigen Ort auf dieser Erde. Wenn es denn überhaupt eine Unterscheidung auf unterbewusster Ebene gibt, dann sicherlich zwischen Mann und Frau, also zwischen den Geschlechtern. So greifen sich Frauen häufiger in die Haare als Männer, während diese mehr zur Nase oder in den Nacken greifen. Frauen spielen lieber an den Ohren oder dem dort befestigten Schmuck, während Männer sich öfter ans Kinn fassen. All diese Gesten geschehen unterbewusst und werden dadurch nur von unseren Emotionen und Absichten gesteuert. In der Zusammenarbeit von unserem Gesicht und unseren Händen – unseren aussagekräftigsten Körperteilen – liegt daher die Möglichkeit von mehr Erkenntnis.

Unsere Mimik, das Spiel der 43 Muskeln im Gesicht, verrät uns unseren emotionalen Status, unsere Absichten und unsere Haltung. Es ist wenig überraschend, dass sich hierfür besonders die Psychologie als Wissenschaft interessiert. Mittlerweile können Interessierte die »Schule des Mienenspiels« (Micro Expressions Reading) im kalifornischen Berkeley studieren. Doch auch unsere Hände sind nicht weniger komplex. Sie bestehen aus 27 Knochen, in ihnen sind also fast ein Viertel aller Knochen des menschlichen Körpers zu finden. Beachtlich ist auch ihre Muskulatur, die lediglich eine aus zahlreichen Sehnen bestehende »Erweiterung« unserer Unterarmmuskulatur mit ihren 33 Muskeln darstellt. Im Handteller befinden sich hingegen kleinere Muskeln. Der kräftigere ist noch jener auf der Daumenseite. Da jeder Muskel des menschlichen Körpers einem Zweck dient und genutzt sein will, lädt der komplexe Aufbau unserer Hände unseren Geist geradezu dazu ein, die unterschiedlichen Ausdrucksformen darzustellen und unsere Emotionen beziehungsweise Absichten zu unterstreichen oder zumindest anzudeuten.

Wir benutzen unsere Hände oft völlig selbstverständlich, ohne genau zu wissen, was wir damit über die reine Verstandesebene hinaus kommunizieren. Daher ist derjenige, der gelernt hat, diese Zeichen bewusst wahrzunehmen, sie einzuordnen und womöglich mit der Mimik des Gegenübers zu verbinden, klar im Vorteil. Der Gesichtleser stellt sich somit immer die Frage: Was macht ein Mensch mit seinen Händen? Ruhen diese auf den Beinen? Tippen sie nervös auf der Tischplatte? Halten sie sich an den Lehnen fest, oder werden sie gefaltet, gerieben oder gar geballt? Sie geben ihm so Auskunft über Emotionen, Authentizität eines Menschen oder zumindest über die aktuelle Laune, in der er sich befindet. Sie verraten ihm die innere Haltung und die Absichten eines Menschen.

Natürlich interessiert den Gesichtleser aber auch, wie die Hände aussehen, denn wie Sie bereits wissen, wird keine Information ausgelassen. Anhand der Struktur, der Beschaffenheit, der Länge der Finger und des Handtellers lässt sich beispielsweise die Persönlichkeit eines Menschen erkennen. Schwellungen, Rötungen und Hautirritationen verraten wiederum gesundheitliche Aspekte.

Doch Gesichtleser sind keine Handleser, auch wenn sie gern in deren Nähe gebracht werden. Tatsächlich widmen sie sich nur ähnlichen Themengebieten – so würde ein Handleser die Persönlichkeit oder die Gesundheit eines Menschen ebenfalls in dessen Hand erkennen wollen, und auch mit der chinesischen Tradition des »Schicksal lesen« lassen sich viele Überschneidungen finden. Doch »nur« auf die Hände zu achten, wäre den Gesichtlesern nicht genug, denn für sie liegt der Schlüssel zur Menschenkenntnis in der Ganzheit eines Menschen

begründet. Sie verlassen sich eben nicht nur auf eine Sache, ein Element im Gesicht, sondern sie kombinieren, verbinden und vergleichen. Die Mimik, die Merkmale im Gesicht und jede begleitende Geste oder Körperhaltung haben für sie eine umfassende Bedeutung.

All diese Bewegungen halten für den Gesichtleser eine Botschaft bereit, die auch Sie zu lesen lernen können, um so Ihr Gegenüber umfassender zu erkennen und zu verstehen. Ich würde mich daher freuen, wenn Ihnen dieses Buch Anlass dazu gibt, Ihre Mitmenschen mit ihren Bewegungen genauer zu beobachten und diese zu deuten. Betrachten Sie dieses Buch daher viel mehr als ein Praxisbuch, und denken Sie weniger über das hier Geschriebene nach. Schauen Sie sich Ihre Mitmenschen genauer an. Achten Sie auf jede Geste, besonders auf jene, bei der womöglich eine Hand zum Gesicht geführt wird, – nichts passiert zufällig.

Definitionen

KÖRPERSPRACHE

Die Körpersprache, auch bekannt als »Body Language«, ist eine Form der nonverbalen Kommunikation, die sich in den bewussten und unbewussten Äußerungen des menschlichen Körpers ausdrückt. Dazu gehören nach Ansicht der Psychologie Gestik, Habitus und Mimik – also alles vom Händedruck über die Sitzhaltung, die Haltung der Arme, Beine und Füße, das Spiel mit den Händen, Fingern und Gegenständen, die Kopfhaltung und die unterschiedlichen Formen der Blickkontakte bis hin zum Distanzverhalten. Die Körpersprache hat großen Einfluss auf die Verständlichkeit und die Wirkung von Sprache.

UNBEWUSSTE SIGNALE DES KÖRPERS

Die meisten Signale der Körpersprache sind unbewusste Gesten, mit denen der Körper auf eine Gesprächssituation oder eine Gefühlslage reagiert. Positive oder negative Nachrichten lösen zum Beispiel unbewusst Gesten aus, die ehrliche, da authentische Empfindungen symbolisieren, wie etwa die Hände vor die Augen zu schlagen oder die Arme in die Höhe zu werfen.

Der Buchautor nimmt auf dem Foto eine scheinbar entspannte Körperhaltung ein. Tatsächlich halten die gefalteten Hände aber die Beine fest. Der Mensch möchte bereits wieder weiter, sich nicht aufhalten lassen, vielleicht das nächste Projekt angehen, doch die Beine werden unterbewusst festgehalten, da der Verstand signalisiert: »Bleib sitzen, jetzt ist Fotoshooting!«

BEWUSSTE SIGNALE DES KÖRPERS

Zu den bewussten Signalen des Körpers zählen Gesten und Bewegungen, die zielgerichtet eingesetzt werden. Dazu gehören das Anlächeln eines Menschen, ein gezielter Blick, ein ausdrucksloses »Pokerface«, ein selbstbewusster Händedruck, eine aufrechte Körperhaltung oder weitere Reaktionen wie ein Kopfschütteln oder ein zustimmendes Nicken.

GESTIK

Die Gestik beschreibt unsere Kommunikation über Arme, Hände und den Kopf. Die Bewegungen der Körperteile werden vom Menschen dazu eingesetzt, um an verschiedenen Stellen die Sprache ganz oder zumindest teilweise zu ersetzen, sie zu begleiten oder zu unterstützen. Die Gestik zählt zur nonverbalen Kommunikation, die uns alltäglich begleitet und immerzu angewendet wird. Sie hat aber auch eine große mentale Bedeutung: So kann sie Hinweise darauf geben, was ein Mensch gerade denkt und welche Gefühle in ihm vorgehen.

MIMIK

Unter Mimik verstehen wir die Regungen des Gesichts. Die vielen einzelnen Bewegungen der umfangreichen Muskulatur geben einen Gesamteindruck über den unmittelbaren Zustand, die Einstellung und die Gefühlslage eines Menschen. Der Gesichtsausdruck wird besonders durch die Augen und den Mund – die beweglichsten Teile des Gesichts – bestimmt. Die Mimik ist Ausdruck eines bestimmten Gefühls (Freude, Angst, Anspannung), dient als Mitteilungsform (Interesse, Kommunikation zwischen

Kleinkind und Eltern) und gibt Aufschluss über individuelle Eigenheiten eines Menschen (Dynamik, Lethargie). Sie ist aber auch schwer berechenbar und kann sich jederzeit in Sekundenbruchteilen ändern.

HABITUS

Um eine Person besser zu verstehen, beurteilen wir zudem bewusst oder unbewusst ihren Habitus. Der Begriff entstammt dem Lateinischen (»habere«) und steht für das »Gehaben« eines Menschen. Dies beinhaltet sein Auftreten und seine Umgangsformen, welche uns Rückschlüsse über seine Person erlauben. Für Gesichtleser ist dieser Aspekt jedoch zu vernachlässigen, da er stark kulturell geprägt ist und auch gern zur Verschleierung einer Persönlichkeit genutzt wird.

KÖRPERHALTUNG

Auch die Körperhaltung fließt in unsere bewusste oder unterbewusste Beurteilung eines Menschen mit hinein. Sie entsteht durch das Zusammenwirken von Muskeln, Bändern und Knochen und bildet die Grundlage für das

Auftreten einer Person. Die Körperhaltung eignet sich ebenso wie der bereits erwähnte Habitus ideal zur Verschleierung des emotionalen Zustandes, weshalb zahlreiche Gesichtleser ihm keine oder nur wenig Bedeutung beimessen. In der Antlitzdiagnostik, also dem Lesen von Krankheiten im Gesicht, spielt die Körperhaltung eine ergänzende Rolle. Zahlreiche Haltungsproblematiken lassen zum Beispiel Rückschlüsse auf unterschiedliche Krankheiten ziehen. Hier sind vor allem Morbus Bechterew, Morbus Scheuermann und Skoliose zu nennen.

BEDEUTUNG IM GESICHTLESEN

Während ein Großteil der verstandesgeprägten Menschheit glaubt, dem Inhalt der Worte weit mehr Beachtung beizumessen als dem Erscheinungsbild des Sprechers, so hat die Psychologie als Wissenschaft längst erkannt, dass wir unterbewusst eine ganz andere Wertung vornehmen. Der amerikanische Psychologe Albert Mehrabian (University of California in Los Angeles) veröffentlichte bereits 1971 hierzu eine Untersuchung, nach der drei Faktoren ausschlaggebend sind, wenn es um die Wirkung und die Beurteilung einer Botschaft geht: Dem Inhalt des Gesagten messen wir demnach nur 7 % unserer Beachtung bei, der Sprechtechnik 38 % und der Körpersprache 55 %, womit, so Mehrabian, auf diesen Bereich also der größte Anteil entfällt.

Diese Veröffentlichung liefert noch heute Anlass für Kontroversen innerhalb der Fachschaft, wobei es, je nach Studie, nur um das Verschieben minimaler prozentualer Anteile geht – und ob es nun 7, 9 oder 12 % sind, ist letztlich für die Gesamtaussage irrelevant. Tatsache ist, dass

wir Worten offenbar mehr Wertigkeit beimessen, als diese sie tatsächlich besitzen. Denken wir nur an Verhöre, Gerichtstermine oder Vorstellungsgespräche. Dort wird jeweils im kleinsten Detail festgehalten, was gesagt wurde, nicht aber, welche Körperhaltung, Gestik und Mimik jeweils die Worte begleitet haben – dabei sind gerade diese Komponenten ausschlaggebend für eine endgültige Beurteilung.

Für Gesichtleser (Face Reader) aller Kulturen spielt die prozentuale Wertigkeit der genannten Komponenten keine Rolle. Alle haben ihren Platz und ihre Bedeutung, wobei der Mimik sicherlich die entscheidende Rolle im Erkennen des momentanen emotionalen Zustandes eines Menschen zuerkannt wird. Körpersprache und Gestik sind eher äußerst hilfreiche oder begleitende Merkmale. Da beide auch kulturellen Eigenheiten, Gewohnheiten und Lebensumständen unterliegen, werden diese von Gesichtlesern gern als Ratgeber, als zusätzliche Quelle, genutzt, jedoch nicht als allein aussagekräftig bei der Beurteilung einer Situation angesehen. Die Mimik, sofern wir diese oft unterbewusst als authentisch identifiziert haben, unterliegt nicht diesen Einschränkungen und wird deshalb als deutlich zuverlässiger erachtet. Dennoch ist ihr Zusammenspiel mit der Köpersprache und der Gestik von herausragender Bedeutung, beispielsweise beim Aufdecken von Lügen. Insbesondere der Einsatz der Hände ist hier aufschlussreich, vor allem, wenn diese zum Gesicht gehen.

So verbinden sich hier also zwei Herangehensweisen zu einer effektiven Technik im Erkennen der Gefühlslage und der Absichten eines Menschen – für Gesichtleser findet in diesem Bereich daher keine strenge Unterscheidung zwischen Mimik und Gestik statt. Das Verbindende wird hervorgehoben.

Die Bedeutung der Hände im Gesicht

HAND-HALS-GESTEN

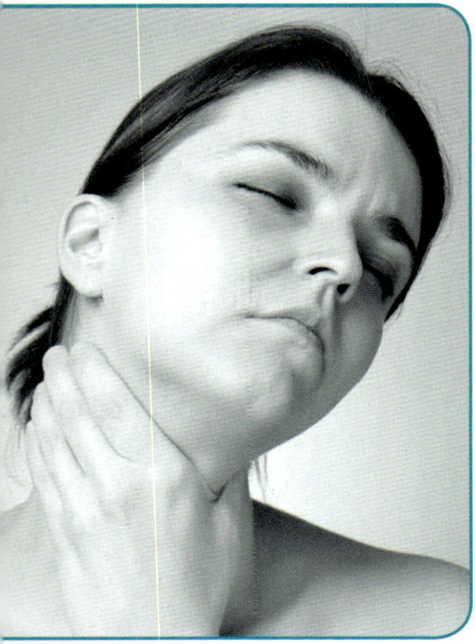

Geht die Hand zum Hals, so spricht man auch gern von einer »Hand-Hals-Geste«. Für Menschen jedes Kulturkreises wirkt diese keinesfalls positiv oder einladend. Unterbewusst will der Betreffende die Hand zum Gesicht führen, stoppt allerdings abrupt, sobald das Bewusstsein einsetzt. Infolgedessen ruht die Hand auf dem Hals, der Kehle oder wandert anschließend sogar in den Nackenbereich, was auf vielerlei Arten geschehen kann.

Hinweis: Berührt die Hand den Halsbereich, so will der Betroffene meist seinen Blutdruck verringern. Ihm schlägt das Herz in diesem Moment vielleicht sprichwörtlich bis zum Hals. Das Streicheln wirkt beruhigend. Es ist Ausdruck von Sorge, Angst, Betroffenheit, Zweifel oder großer Emotionalität. Es kann zudem ein Zeichen für das Empfinden einer möglichen Bedrohung sein: »Geht es mir an die Kehle?«

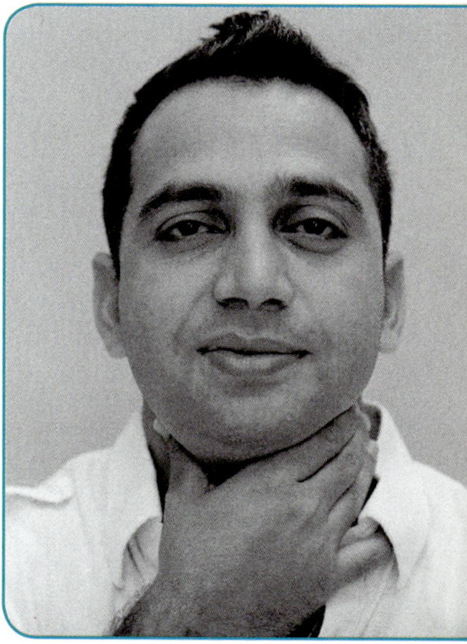

Geht die Hand zur Kehle, dann ist dies bei Männern ein Zeichen von großer Unsicherheit oder Unbehagen. Sie fühlen sich ausgebremst, in einer Warteschleife, so, als ginge es ihnen »an die Gurgel«. Einige lockern dabei sogar ihre Krawatte, andere umklammern hingegen den Bereich direkt unter dem Kinn, da an dieser Stelle die Nerven gut zu stimulieren sind. Doch Vorsicht: Oft schlagen Männer danach verbal noch härter zu. Frauen fassen sich weniger gern und seltener an den Hals oder gar an die Kehle. Bei ihnen geschieht es eher unscheinbar, fast unmerklich, oft ist es nur ein Tasten. Eine Ersatzhandlung dafür ist das Nesteln an einer Kette oder am Kragen ei-

ner Bluse. Greifen sich Frauen aber doch an den Hals, so wollen sie meist wichtige Informationen verbergen oder sie fühlen sich ertappt. Sobald das Wohlgefühl wieder eintritt, entfernt sich ihre Hand vom entsprechenden Bereich wieder.

Die Geste auf der gegenüberliegenden Seite symbolisiert die Wahrnehmung einer brenzligen Situation: »Jetzt wird es ernst.« Eine Schlinge scheint sich zuzuziehen. Man fragt sich: »Wie komme ich da nur wieder heraus?« Ebenso ist diese Geste ein unterbewusstes Zeichen, den eigenen Fehler zu erkennen – auch wenn man dies mit Worten im gleichen Atemzug verneinen würde. Dieser »Ventilator« wird eher von Männern angewendet: Der einengende Stoff wird vom Körper weggezogen. Der Betroffene fühlt sich seines Atems beraubt, hat vielleicht tatsächlich Atem- oder Schluckbeschwerden und will sich wieder »Luft verschaffen«. Schon das Andeuten der Geste zeigt einen dringend benötigten Freiraum, der einem soeben plötzlich und unkontrolliert verloren gegangen ist. Im besten Fall deutet dies bloß das Aufkommen eines Stressgefühls an. Je heftiger die Geste allerdings ausfällt, desto mehr verrät sie das Unglücklichsein über eine Situation.

Frauen verwenden diese Geste weniger häufig. In ähnlichen Gefühlslagen neigen sie vielmehr dazu, die Bluse am vorderen Teil etwas zu lüften. Auch spielen sie lieber an ihrem Schmuck, an einer Kette, oder sie streichen sich durchs Haar, sammeln es im Nackenbereich und heben es an.

Übrigens: Steigt der Blutdruck, zum Beispiel bei der Weitergabe einer Lüge, kann es auch im Bereich des Halses zu vermehrter Schweißbildung kommen. Dann will der Betroffene eine körperliche Befreiung in diesem Bereich spüren und offenbart dies durch die Geste.

HAND-KINN-GESTEN

Generell gilt: Wenn wir uns nicht bloß ans Kinn fassen und die Hände dort ruhen lassen, sondern uns immer wieder am Kinn streicheln, sind wir in einem Moment höchster Konzentration (es sei denn, wir wollen diese nur vorspielen, weswegen man in diesem Falle von einer »Selbstgefälligkeitsgeste« sprechen würde). Wir denken nach, beurteilen etwas, sind auf einem Weg der Entscheidungsfindung. Das Kinn steht bei Gesichtlesern aller Kulturen für Werte, Moral und Ideale. Streichen wir uns also über das Kinn, so prüfen und vergleichen wir das Gelesene, Erlebte oder Vorgetragene mit unseren eigenen Moral- und Wertvorstellungen.

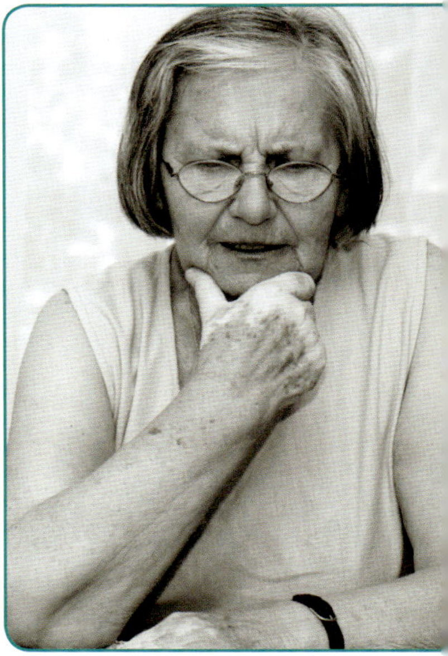

Wird das Kinn nicht nur gestreichelt, sondern bewegen sich einzelne Finger oder reibt gar die komplette Hand das Kinn, so überprüft derjenige das Gehörte auf seinen Inhalt: Passt es in sein Wertesystem, zu seiner Vorstellung von Moral? Ist es kompatibel mit seinen Ansichten? Zudem überprüft er den Wahrheitsgehalt der Aussage. Sobald das Reiben aufhört, ist eine Entscheidung gefallen. Der Prozess ces Evaluierens ist abgeschlossen.

Dies ist ein typischer Versuch, mehr Aufmerksamkeit zu erhalten. Die Geste täuscht vor, jemandem zuzuhören, sagt aber eigentlich, dass man beachtet werden will: »Nimm Notiz von mir!« Diese Pose ist deutlich häufiger bei Frauen anzutreffen. Wenden sie Männer an, wirkt diese zu weiblich und verfehlt mit großer Sicherheit ihr Ziel, da sie den Gesprächspartner zu sehr irritiert.

Die Geste zeigt eine Bewertung von Ideen, Plänen und Vorschlägen. Generell gilt: Steht der Kopf weiterhin von allein, ist er also nicht auf einer Hand liegend, besteht durchaus noch Interesse. Wenn die Hand den Kopf jedoch hält, fängt derjenige an, sich zu langweilen. Die Mimik und der Daumen unter dem Kinn verraten jedoch die zunehmende kritische Bewertung der Situation oder des Gesagten.

Wird das Kinn von einer geschlossenen Hand oder gar Faust gestützt, ist dies Ausdruck von größter Langeweile. Oft wird diese von einer belanglosen Tätigkeit der anderen Hand begleitet, wie etwa einem Spielen mit dem Kugelschreiber. Viele verlieren sich in Tagträumerei, weshalb bei ihnen ein vorsichtiges Ansprechen geboten ist, da sie sonst erschrecken würden. Die Geste wird meist mit einem ins Leere gehenden Gesichtsausdruck begleitet. Wahlweise ist auch ein »falsches«, ein gespieltes Lächeln möglich, um die Langeweile zu kaschieren. Das Kinn wird oft trotzig nach vorne geschoben. Ist eine fehlende Beschäftigung oder die Stagnation einer Situation der Grund für aufkommende Langeweile, spannt sich meist auch der Kiefer des betroffenen Menschen an. Es wird etwas verarbeitet, die Kieferzähne haben etwas zu mahlen.

Dieser Mann denkt gerade über eine bestimmte Situation nach – dies kann die gegenwärtige sein, in der er sich momentan befindet, oder eine, die bereits stattgefunden hat. Für die Bewertung der Situation benötigt er allerdings noch Zeit. Seine Hände sind gefaltet, sie wollen einfach noch nicht zur Tat schreiten. Er will erst abwägen, alle Pros und Contras in seine Überlegung mit einbeziehen. Zwischen sich und seinem Gegenüber setzt er mit seinen Händen eine Barriere – nach dem Motto: »Bloß keine Eile, keinen Druck.«

Übrigens: Als eine weitaus subtilere Barriere könnte auch eine nach vorn ausgestreckte Tasse in den Händen dienen.

Diese Einschätzungsgeste ist eher positiver Natur. Die Hand befindet sich unter dem Kinn anstatt im gesamten Gesicht. Sie wird auch nicht als Stütze benötigt, sondern dient mehr dem Unterstreichen der Gedankengänge. Die nur sehr leicht geschlossene Faust und der Zeigefinger an der Wange, der Richtung Ohr zeigt, deuten ein gesteigertes Interesse dieser Person an.

HAND-WANGE-GESTEN

Die offene Handfläche verdeckt hier große Teile der Wange und teilweise sogar das Ohr und den Mund. Es ist eine Geste der Müdigkeit, aber noch mehr der Langeweile. Das Erlebte, Gehörte oder Erzielte hat zu viel Energie abverlangt. Es ist Zeit, den Geist nun etwas ruhen zu lassen. Die Geste kann aber auch Gleichgültigkeit signalisieren. Der Kopf wird gehalten, damit der Mensch nicht einschläft.

Dieses Bild lässt beim Gegenüber keinen Zweifel daran aufkommen, dass gerade keinerlei Interesse an jeglichem Austausch besteht. Augen und Mund bekommen für den Fall der Fälle, dass sie für eine Reaktion doch noch benötigt werden, nur noch ein Mindestmaß an Spielraum.

Diese Geste deutet Niedergeschlagenheit an. Hier wird die Faust, normalerweise eine kämpferische Geste, zur Wange (im chinesischen Gesichtlesen Siang Mien: »das Kissen der Macht«) geführt und diese darauf abgestützt. Der Blick wendet sich nach unten. Schlechte Gefühle kommen hoch: »Wer bin ich schon?«, »Wieder mal nicht geklappt?«, »Warum passiert das immer nur mir?« Mutlosigkeit, Selbstzweifel und hin und wieder Selbstmitleid finden so ihren Ausdruck.

Vorsicht: Am Blick lässt sich ablesen, ob statt Niedergeschlagenheit nicht doch bloß Langeweile vorherrscht. Gerade in dieser Pose gilt den Augen daher eine besondere Beachtung: Niedergeschlagenheit lässt den Blick senken. Die nach unten gerichteten Augen sind für den Gesprächspartner dann meist nicht mehr sichtbar. Hin und wieder ist auch ein »leerer Blick« beim Betroffenen erkennbar, ein Abschweifen in die Ferne. Langeweile hingegen äußert sich in einem regen Wechsel der Blickrichtungen. Der Blick wandert umher und sucht die Umgebung nach etwas Interessantem oder einer Ablenkung ab.

Diese Geste ist nicht gleich sichtbar, da der Mittelfinger den Daumen verdeckt. Doch wenn der Daumen das Kinn stützt und dabei der Zeigefinger vertikal die Wange kreuzt, wird die Geste gern mit der nachfolgenden verwechselt. Hierbei hilft es, die Mimik zu beachten: In dieser Variante wendet sich der Blick eher vom Gegenüber ab. Sie zeigt Diskrepanz, eine Vorstufe der Ablehnung. Jetzt müssen gute Argumente kommen, sonst wechselt diese Person auf die Gegenseite oder bezieht eine andere Position.

HAND-MUND-GESTEN

Im zweiten Bild sehen wir gleich mehrere Finger vor dem Mund. Sie signalisieren Verwunderung oder Erstaunen. Diese Geste nutzen viele Menschen auch als ein einleitendes Zeichen für eine Entschuldigung – oft eine, die das Ich nur schwer über die Lippen bringt. Selbstzweifel werden durch diese Geste aber ebenso signalisiert: »Da habe ich wohl einen Fehler begangen.«

Hinweis: Wird mit den Fingern vor dem Mund gesprochen, so möchte der Akteur nicht wirklich über das Thema sprechen oder zumindest nicht weiter ins Detail gehen. Egal, welche Worte man von ihm hört, diese auszusprechen ist ihm eher unangenehm oder gar peinlich. Auch eine Lüge könnte sich beispielsweise hinter dieser Art des Ausdrucks verstecken. Auch wenn jemand, während er spricht, mit einem einzelnen Finger (meist dem Zeigefinger) über beide Lippen fährt oder tippt, ist dies ein Zeichen dafür, dass dieser Mensch nicht über das Thema sprechen möchte – auch wenn seine Worte etwas ganz anderes sagen.

Wandert der Finger über die geöffneten Lippen in den Mundraum hinein, so lässt diese Geste denjenigen – insbesondere wenn es sich um einen erwachsenen Mann handelt – mehr als hilflos erscheinen. Genau dies will uns die Geste aber auch mitteilen: Sie ist eine Reaktion auf Druck von außen, ein Unbehagen. Sie tritt meist dann auf, wenn die Anzahl der täglichen Entscheidungen überhandnimmt. Wir fallen in eine gewisse Hilflosigkeit und suchen nun eine typische »Komfortpose« aus der Kindheit. In der extremsten Form lutschen einige Betroffene dann sogar tatsächlich unbewusst am Daumen. Nach dem Motto: »Ich weiß von nichts. Ich habe

keine Ahnung!«, ist dies eine Geste aus der Kindheit, die eine schwache Position zeigt. Sie wird oft unbewusst genutzt, um Sympathie Mitleid oder den Beschützerinstinkt zu erwecken. Dies kann bei Frauen gut funktionieren, wirkt bei Männern dagegen oft lächerlich und bewirkt eher das Gegenteil.

Hin und wieder zeigen Personen auch ein »Ziehen» der Unterlippe gemeinsam durch Daumen und Zeigefinger. Diese Geste wird häufig als Zeichen für Langeweile falsch interpretiert, denn tatsächlich befindet sich der Mensch in einer sehr nachdenklichen Situation. Er versucht, sich »einen Reim auf etwas zu machen«. In einigen Fällen dürfte es dabei auch um das Thema »Loslassen« gehen, also darum, sich von etwas zu verabschieden, was lange Zeit viel Aufmerksamkeit in Anspruch genommen hat. Für Gesichtleser, die sich mit der Gesundheit beschäftigen, ist die Unterlippe das Merkmal, welches mit dem Darm in Verbindung steht. Somit steht das Ziehen der Unterlippe auch organisch für ein »Loslassen«.

Schwierig in der Beurteilung ist hingegen ein »Spielen« mit dem Finger an der Lippe. Dies kann zahllose Ursachen haben, die sich, wenn überhaupt, nur aus dem Gesamtzusammenhang erschließen lassen. Hier spielen Kultur, Gesprächssituation und -teilnehmer, Geschlecht und Alter eine Rolle. Für sich allein ist das »Spielen« an der Lippe zu ungenau und kann ebenso dem erwähnten »Loslassen«, der Langeweile oder der Nachdenklichkeit zugeordnet werden. Es ist daher eine Geste, die gern zu Fehldeutungen einlädt. Um nur ein Beispiel zu nennen: Spielt sich eine attraktive Frau mit einem einzelnen Finger an den Lippen und ist ihr Gesprächspartner ein an ihr interessierter Mann,

so könnte dies als Einladung für mehr Intimität gedeutet werden. Die Betonung liegt allerdings auf »könnte« – für mehr Gewissheit sorgen erst weitere Gesten wie ein ständiges Mit-den-Händen-durch-die-Haare-Fahren, ein wiederholtes Anfassen des Gesprächspartners oder gar häufiges Lächeln.

Die Geste auf dem Bild rechts verbindet die Schläfe über den Zeigefinger mit dem Mund. Sie ist ein Zeichen dafür, dass gerade eine Einschätzung oder eine Bewertung vorgenommen wird. Das Gehirn bzw. der Gedanke sucht den Weg zum Mund, doch noch ist es nicht so weit, das Gedachte auszusprechen. In dieser Situation wird nur selten mit den Augen geblinzelt, der Blick ist oft unbeweglich bis völlig starr. Der Kopf neigt sich dabei häufig nach vorn, hin und wieder sogar der ganze Körper. Hierbei ist stark auf die Mimik zu achten. Sie verrät noch deutlicher, in welche Richtung die Einschätzung geht, ist es eine kritische Einstellung oder gar eine zynische, eine ablehnende oder eine interessierte?

Befindet sich die Faust vor dem Mund, deutet dies höchste Anspannung an. Das gilt auch für gefaltete oder gepresste Hände vor dem Mund. Der Gegenüber wird dabei auf eine sehr unnatürliche Weise angestarrt. Es ist daher eine Geste, die beim anderen Unwohlsein und Unbehagen auslöst. Die Faust wirkt kämpferisch. Sie zeigt, dass man nicht konform mit etwas geht, dass man anderer Meinung ist oder eine Situation nicht gut findet.

Vorsicht: Sind die Hände vor dem Gesicht gefaltet und geht der Blick dabei ins Leere, ist dies ein Zeichen großer Verlassenheit. Jemand könnte sich »ausgebootet« fühlen.

Wenn wie auf diesem Bild einzelne Finger den Mund verdecken und dabei der Daumen die Wange versteckt oder diese gar eindrückt, so wird große Skepsis mitgeteilt. Der Mann glaubt seinem Gegenüber nur bedingt bis gar nicht oder ist vielleicht ganz anderer Meinung. Nur sein Geist, sein Kopf hält ihn noch davon ab, seine widersprechenden Gedanken endlich auszusprechen, weswegen die Hand seinen Mund »zuhält«.

Hier zeigt sich eine etwas weniger skeptische Variante: Es gibt noch Spielraum für eine Meinungsänderung. Zwar berührt auch hier der Daumen die Wange, doch der Mund bleibt gesprächsbereit.

Bei der Geste auf dem rechten Bild verschließt der Zeigefinger den Mund. Dies kann mehrere Gründe haben: Zum einen wird versucht, Informationen zurückzuhalten, der Mund soll sich nicht öffnen und Unerwünschtes sagen. Zum anderen soll vermieden werden, emotional oder gefühlsbetont auf eine Situation, oft ein Angriff, zu reagieren. Wenn der Betroffene während dieser Geste aber doch spricht, meint er nicht das, was er sagt, sondern das Gegenteil. Der Verstand möchte etwas aussprechen, das Unterbewusstsein möchte dies jedoch gerade vermeiden. Diese Geste will zudem für Ruhe sorgen – nicht nur beim Gegenüber, sondern auch in einem selbst. Sie wurde in der Kindheit

abgeschaut und von den Eltern übernommen. Sie stellt aber auch beim Erkennen von Lügen ein mögliches Indiz dar, jedoch ist sie niemals das alleinige Merkmal.

Nägelkauen wird oft als Zeichen von Stress, Unsicherheit, Unbehagen oder dem Durchleben innerer Konflikte interpretiert. In diesem Fall sind die Augen häufig nach unten gerichtet – einem Augenkontakt wird ausgewichen. Auch der »Blick ins Leere« erfüllt diese Funktion. Anders verhält es sich jedoch, wenn die Augen geöffnet und hin und wieder etwas versteckt aus den Augenwinkeln auf ein Gegenüber gerichtet sind. Ein solcher Blick ist ein Hinweis darauf, dass diese Geste bewusst genutzt wird, um lasziv zu wirken oder um Unschuld vorzuspielen. Sie soll so entweder anlocken oder besänftigen – in jedem Fall soll sie aber den Verstand des Gegenübers verwirren. Eine weniger sich selbst verletzende Art des Fingernägelkauens ist das Trommeln, oft auch nur Tippeln, mit den Fingern. Dies geschieht dann nicht am Mund, sondern zum Beispiel auf dem Tisch oder auf den Oberschenkeln. Aber auch diese Geste dient der Stressbewältigung.

Das Kauen auf einem Stift dient der Selbstberuhigung. Es ist eine Reaktion auf Dinge oder Aussagen, die Unbehagen in einem ausgelöst haben. Sie ist weniger als eine Botschaft an den Gesprächspartner zu werten – wie es zum Beispiel beim Führen der Brille zum Mund der Fall ist –, sondern stellt eher eine private und verträumte Geste dar.

Dies ist eine typische Haltung, wenn Kindern sprachlich etwas herausgerutscht ist. Dabei kann es sich beispielsweise um das Verraten eines Geheimnisses oder das Aussprechen einer Lüge handeln.

Wenn Erwachsene sich zu einer solchen Geste hinreißen lassen (siehe zweites Foto), wird größte Hilflosigkeit in der akuten Situation mitgeteilt. Eine schnelle Reaktion ist nun nicht zu erwarten: Der Betroffene benötigt jetzt Zeit, um sich auf die neuen Gegebenheiten einzustellen. Theatralisch dargestellt kann diese Geste aber auch nur

ein vermeintlich versehentliches Aussprechen einer Lüge oder eines Geheimnisses darstellen. Tatsächlich war dieser Schritt dann jedoch sehr berechnend.

Versteckt jemand in der oben dargestellten Weise den Mund durch die ganze Hand oder gar durch beide Hände, dann sprechen Gesichtleser auch gern von der »Tuschelgeste«. Die Worte sind durch diese Geste nicht mehr gut zu vernehmen, da sie nicht mehr bestens hörbar sind. Hier möchte jemand nicht belauscht werden und seine Gedanken preisgeben. Andere sollen aus unterschiedlichen Gründen ausgeschlossen werden. In dieser Phase benötigt derjenige mehr Intimität, einen Rückzugsraum. Gern benutzen Vorgesetzte diese Geste, wenn sie nicht zum Punkt kommen und ihren Standpunkt offenbaren wollen. Es ist ein Taktieren, Verhandeln, Lamentieren – ein klassisches »Katz-und-Maus-Spiel«.

Dieses Bild zeigt eine raffinierte Variante der Tuschelgeste: Der Einsatz des Daumens betont den Nasenflügel und lenkt somit vom Thema, um das es den Betroffenen eigentlichen geht, geschickt ab.

HAND-NASE-GESTEN

Das Nasebohren gilt bei vielen Menschen als unhygienisch, ungehörig und als ein Zeichen von schlechten Manieren. Lassen wir es bei Kindern noch hin und wieder unkommentiert geschehen, so ist spätestens der erwachsene Mensch starker Kritik ausgesetzt, wenn er es in der Öffentlichkeit macht. Daher wird diese Geste meist zurückgehalten und findet sich vermehrt in privaten Räumen wieder. Ein solch privater Raum ist für viele Menschen das Auto. Hier fühlt man sich sicher und man vergisst, was um einen herum geschieht. Oft werden Menschen daher an der Ampel oder im Stau beim Nasebohren erwischt. Wenn wir so »vergessen« sind, sind wir nicht bei vollem Bewusstsein, sondern wir befinden uns in unserem Unterbewussten. Ist dies der Fall, wollen wir den Dingen auf den Grund gehen. Wir wollen wissen, was genau los ist. Wir setzen uns mit dem auseinander, was uns möglicherweise schon seit Monaten oder Jahren beschäftigt. Wir gehen einer Sache auf den Grund – im wahrsten Sinne des Wortes.

Das Drücken der Nase am Nasenbein geschieht meist mit geschlossenen Augen. Diese Geste verwendet der Mensch unterbewusst häufig in Situationen, in denen er schwere Entscheidungen treffen muss. Oft trägt die Person einen Konflikt mit sich selbst aus. In diesem Moment geht es weniger um den Gesprächspartner, weshalb diese Geste meist nur dann gemacht wird, wenn der Betroffene allein ist oder sich allein fühlt. Je stärker der Kopf dabei geneigt ist, desto stärker ist der Hinweis darauf, dass die Person einen Konflikt mit sich selbst austrägt: »Darf

das wahr sein?« oder »Wie bin ich da nur hineingeraten?« könnten typische Fragen in einer solchen Situation sein.

Dieses Bild zeigt eine abgewandelte Form der Geste: Das Zudrücken der Nasenflügel sorgt für ein Schließen der Nasenlöcher. Der Mensch hält für Sekunden die Luft an. Es ist ein unterbewusster Ausdruck des Erstaunens oder des Konfliktaustragens.

»Sich an die eigene Nase fassen« ist nicht nur im deutschen Sprachraum eine bekannte Redewendung. Dahinter steckt unter anderem in vielen Kulturen die symbolische Zuordnung der Nase zu Arbeit und Geld. Man denke auch an Redewendungen wie »Sich eine goldene Nase verdienen« oder im Englischen »pay through the nose«. Auch in China wird die Nase dem Wohlstand und der Arbeit zugeordnet. Auch für Gesichtleser steht die Nase für das Materielle. Ein Griff zur Nase verrät, dass es für den Ausführenden nun um etwas Fundamentales, nicht Zweitrangiges oder gar Bedeutungsloses geht.

Sich an die Nase fassen kann man auch durch ein fast unmerkliches Reiben (meist) mit dem Zeigefinger. Es signalisiert dann erste Zweifel und ist die Vorstufe von Ablehnung. Das Gegenüber sollte nun bessere Argumente ins Feld führen oder überzeugender sein. Die Zweifel kön-

nen aber ebenso nach innen gerichtet, also Selbstzweifel sein: »Wie beantworte ich nur diese Frage?«, »Wie gehe ich mit der Situation um?«, »Komme ich gut beim Zuhörer an?« Unser Ansprechpartner kann durch seine Worte noch so eindrucksvoll und glaubhaft auftreten, wenn wir diese Geste sehen, können wir uns sehr sicher sein, dass in ihm eine gehörige Portion Unsicherheit vorhanden ist. Durch das häufige Reiben kann aber auch Anspannung abgebaut werden. Es erleichtert – ein weiteres Indiz dafür, dass unser Gesprächspartner unsicher ist und nach einer Ersatzhandlung sucht.

Hinweis: Bei der Erkennung von Lügen spielt das Sich-an-die-Nase-Fassen eine große Rolle. Der »Pinocchio-Effekt« kann einer von mehreren Hinweisen darauf sein, dass man es mit einem Lügner zu tun hat – es ist aber niemals der einzige Hinweis. Das Nasereiben hilft einem, dem Blick auszuweichen. Gleichzeitig kann man seinen Mund verdecken. Wenn der Mensch lügt, steigt in der Regel auch sein Blutdruck, in dessen Folge das Blut in der Nasenspitze stärker zirkuliert und die Nerven stimuliert werden. Es ist ein Gefühl, als ob die Nase jucken würde, weswegen man diese reibt. In meinem Buch »Lügen erkennen, entdecken, entlarven« gehe ich auf dieses Phänomen noch genauer mit der entsprechenden Sorgfalt ein.

Greifen Menschen mit Daumen und Zeigefinger zum Nasenflügel und zupfen daran, so benötigen sie mehr Raum, mehr Freiheit. Sie haben gerade nicht genug Platz zum Atmen und fühlen sich eingeengt. Verräterisch ist dann auch, auf welcher Seite gezupft wird: Die linke Seite steht für Emotionen und für das Ideelle. Das Ziehen auf dieser Seite verrät die emotionale Einengung, wenn zum Beispiel Gefühle nicht ausgelebt werden. Die rechte Seite wiederum gibt Aufschluss über Wünsche im materiellen Bereich, also über Dinge, die greifbar und logisch sind. Hier wird vor allem der Wunsch nach mehr Freiheit und Selbstbestimmung, zum Beispiel auf beruflicher Ebene, signalisiert.

Für Gesichtleser stehen die Nasenflügel für ein befreites Durchatmen. In der Antlitzdiagnostik sind breite Nasenflügel ein erster guter Hinweis für gesunde Atemwege, sofern diese nicht durch Äderchen oder starke Rotfärbung beeinträchtigt sind. Physiognomiker wiederum sind Gesichtleser, die sich für die Persönlichkeit eines Menschen interessieren. Sie würden bei dem vorliegenden Foto den Unabhängigkeitswillen und Freiheitsdrang des Mannes hervorheben.

Die Nasenwurzel bildet den Ausgangspunkt einer Nase. Zwischen den Augen beginnend, lädt sie zum Hinfassen, besonders mit dem Zeigefinger, ein. Auf diese Weise fasst sich der Mensch nicht direkt ins Auge, ist diesem jedoch sehr nahe. Hier geht es nämlich um das »Klarsehen«:

Jemand blickt vor »geistigem Nebel«, Unverständnis oder einem Überangebot an Informationen nicht mehr durch und hat ein großes Bedürfnis, die Dinge geordnet zu bekommen. Einige Kulturen sehen hier auch den Ort des »dritten Auges«, welches die Dinge durchschaut, mehr sieht und alles durchblickt und durchdringt. Durch eine reibende Geste soll dieser Bereich stimuliert werden, was den Wunsch nach einem »Klarsehen« unterstreicht.

Übrigens: Wer nicht nur die Wurzel der Nase reibt, sondern das gesamte Nasenbein, ist zwar ebenfalls an einer klaren Sicht der Dinge interessiert, jedoch steht hier zuerst das Verarbeiten von Emotionen im Vordergrund. Für diese Geste sind häufig Stress und unterdrückte Ängste der Auslöser.

HAND-AUGEN-GESTEN

Das Blockieren des Blickes ist ein Zeichen von Bestürzung, Ungläubigkeit, Fassungslosigkeit, Zweifel und Diskrepanz. Man zeigt damit, dass man etwas nicht mag oder mit der anderen Meinung nicht einverstanden ist. Die Geste ist wie ein Schutzschild vor dem Unangenehmen, dem Unerfreulichen, auf das man in diesem Augenblick keinen Blick werfen möchte. Man nimmt zwar eine kommende Bedrohung wahr, doch man möchte sich dieser nicht

stellen. Das Gehirn soll vor der Auseinandersetzung mit den unerwünschten Dingen geschützt werden.

Dieses Bild zeigt zwar nur eine Teilbeeinträchtigung des Blickes, dennoch ist sie nicht minder von Bedeutung und stellt ebenfalls einen Schutz vor Unerwünschtem dar. Sie ist jedoch weniger kompromittierend und lässt Spielraum für ein Fortsetzen der Kommunikation.

Im Grunde hat das Augenreiben dieselbe Bedeutung wie das Sich-an-die-Nase-Fassen oder das Nasereiben und bedeutet: »Ich kann oder möchte etwas nicht verstehen«, »Ich will etwas nicht sehen« oder »Was mir gerade aufgezeigt wird, macht mich verlegen«. Das Augenreiben ist jedoch gesellschaftlich eher akzeptiert und wird schneller übersehen, da einem immer wieder etwas »ins Auge kommen« kann. Bloß ein Auge zu reiben zeigt hingegen, dass man vermeiden möchte, mit dem anderen in Kontakt zu kommen.

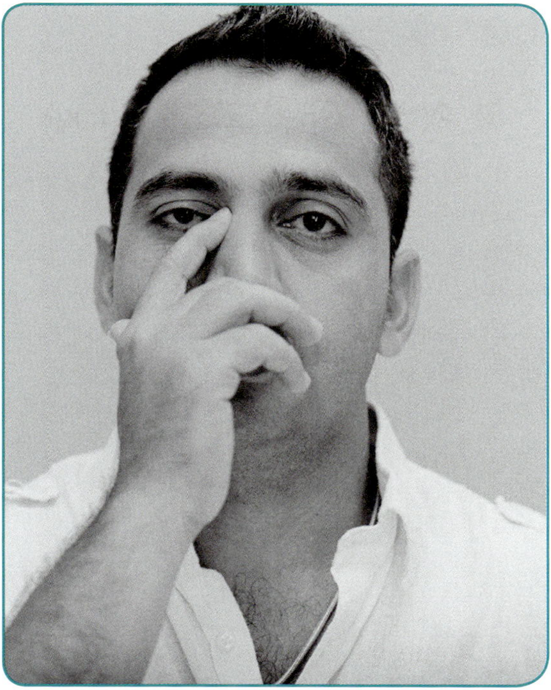

Wer sich mit dem Zeigefinger das Unterlid reibt, tut dies häufig von der Innenseite her, also von der Nasenwurzel kommend, nach außen hin. Wir benutzen hierfür fast ausschließlich den Zeigefinger, den wir eher kraftvoll denn sanft einsetzen. Diese Geste verrät weniger eine emotionale Situation oder gar etwas über die Charakterzüge des Ausübenden, sondern ist vielmehr ein Hinweis auf einen einsetzenden Erschöpfungszustand: »Mir geht die Kraft aus!« Der Grund dafür ist, dass wir nach »durchweinten« oder »durchfeierten« Nächten mit Schwellungen in diesem Bereich konfrontiert werden. Zwar verschwinden sie beim gesunden Menschen innerhalb eines Tages wieder, jedoch soll ihnen durch das Reiben Linderung verschafft werden. Ein Reiben dieser Stelle kann von einer leichten Ermüdung über eine Schwächung bis hin zu großer Erschöpfung alles zeigen. Wird diese Geste offen einer anderen Person gezeigt, so steckt dahinter zudem der Wunsch, dass die eigene Kraftlosigkeit vom Gegenüber wahrgenommen und dieser von seinen Wünschen und Forderungen – und sei es nur von seinem Redebedürfnis – absehen soll.

Hinweis: Halten die Schwellungen länger als einen Tag an, lehrt uns die Antlitzdiagnostik, dass das geschwollene Unterlid (Unterlidödem) ein Zeichen für geschwächte Nieren und eine geschwächte Blase ist. Es kann aber auch auf weitere mögliche Erkrankungen wie eine Schilddrüsenunterfunktion oder Prostataleiden hinweisen.

Viele Menschen widmen ihren Augenbrauen besondere Aufmerksamkeit. Sie werden gezupft, rasiert und gefärbt. Für chinesische Gesichtlesemeister gibt die Form der Augenbrauen Auskunft über die Einstellungen und die Ideale eines Menschen. Wenn wir dies berücksichtigen, so wird klar, warum das unterbewusste Streicheln der Augenbrauen – sei es nur mit dem Zeigefinder oder mit allen Fingerkuppen einer Hand – für Gesichtleser unseres Kulturkreises als Geste des Prüfens gewertet wird: Wir überprüfen, ob das Erlebte oder Erlernte zu unserer inneren Einstellung passt. Diese Geste wird häufig völlig gedankenverloren ausgeführt. So nahe am Gehirn lässt sie zudem auf eine gesteigerte mentale Aktivität schließen.

Hinweis: Werden die Augenbrauen nicht gestreichelt, sondern heftig, auch kreisend, gerieben, so dürfen wir sicher sein, dass es hier nicht – wie oben beschrieben – um ein Gegenprüfen oder Bewerten des Erlebten geht. Das Reiben der Augenbrauen deutet vielmehr an, dass der Ausübende unter Kopfschmerzen oder Migräne leidet. Durch eine derartige Stimulierung der Augenbrauenregion erhofft er sich eine Linderung der Schmerzen.

HAND-OHREN-GESTEN

Zupft man sich am Ohr, will man gehört werden. Man ringt um Geduld, hat bereits Antworten oder Reaktionen im Kopf und möchte diese aussprechen. Das Ohrzupfen sagt: »Komm zum Ende, ich will hierzu etwas sagen!« Man kann durch diese Geste aber auch zu verstehen geben, dass man nicht unterbrochen werden will. Wird das Ohrläppchen dagegen nur gestreichelt oder massiert, steckt dahinter eine Beruhigungsgeste. Der Stress soll abgebaut werden.

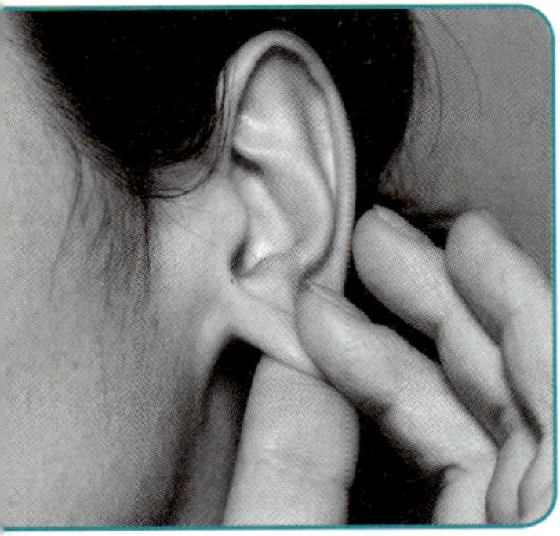

Das Sich-ans-Ohr-Fassen kann als die erwachsene Variante von Beide-Hände-auf-die-Ohren gedeutet werden. Kinder tun dies gern, wenn sie nicht mehr zuhören können oder wollen. Wird diese Geste von einem Erwachsenen ausgeführt, so fühlt sich dieser zu vielen Informationen ausgesetzt oder möchte langsam selbst zu Wort kommen. Wird diese Geste mehrmals wiederholt oder gar durchgehalten, so ist Obacht geboten: Derjenige droht nun, ungehalten oder zunehmend aggressiv zu werden.

Die Finger in beide Ohren zu stecken zeigt eindrucksvoll, dass derjenige nun wirklich nichts mehr hören möchte. Diese Geste ist klarer und weniger verspielt als das bloße

Zuhalten der Ohren mit der flachen Hand: Während beim Zuhalten mit der flachen Hand noch Raum für Zwischentöne wäre und der Gestikulierende noch einen Rest an Offenheit zeigt, ist dies bei »den Fingern im Ohr« nicht mehr der Fall. Interessanterweise setzen chinesische Gesichtleser selbiges auch mit zahlreichen Haaren im Ohrinnenraum gleich: Wer davon im Übermaß besitzt, so chinesische Siang Mien Meister, verschließt sich gern und möchte nur noch hören, was er hören möchte und was in sein Weltbild passt.

Sich nur einen Finger ins Ohr zu stecken, ist nahezu ebenso verpönt wie das Nasebohren. Es gilt in der Öffentlichkeit als unschicklich, da es der Körperreinigung zugeordnet wird, wofür die moderne Gesellschaft andere Orte, wie beispielsweise das Badezimmer, vorsieht.

HAND-STIRN-GESTEN

Gesichtleser ordnen der jeweiligen Seite des Gesichtes unterschiedliche Bezugsfelder zu. So steht die rechte Seite für Logik, Materielles, alles Greif- und Begreifbare und wird deshalb auch die männliche Seite genannt. Die linke steht für das Ideelle, das Kreative, das Sensitive und Gefühlte, weshalb hier auch von der weiblichen Seite gesprochen wird. Wird die Stirn also mit den Händen verdeckt oder bearbeitet, lohnt sich ein Blick, auf welcher Seite der Stirn dies geschieht. Daraus lassen sich Rückschlüsse auf die entsprechenden Gedanken und auf die Gefühlswelt der jeweiligen Person ziehen. Im vorliegenden Bild reibt sich der Mann an der rechten Schläfe, an einer vitalen Stelle. Er macht sich daher eher Gedanken über ganz greifbare und materielle Dinge und weniger um Emotionen, die Liebe oder seine Gefühlswelt.

Das Reiben der Stirn ist ein sehr privates Zeichen und hat weniger mit dem Gegenüber zu tun. Der Betroffene kämpft gerade mit etwas und fühlt sich dabei nicht wohl. Das Reiben der Stirnhaut soll nun beruhigend wirken. Es kann aber auch Vergesslichkeit anzeigen, signalisiert aber gleichzeitig, kein Problem damit zu haben, sich dafür offen zu schämen.

Die Stirn zu schlagen, deutet auf eine vergessliche Person hin, die sich für ihre Vergesslichkeit aber nicht schämt. Gleiches passiert bei einem verlegenen Berühren des Nackens, was jedoch weitaus negativer zu deuten ist. Das Auf-die-Stirn-Schlagen ist hingegen offener, sichtbarer und daher in der Bewertung der Gesichtleser positiv zu werten.

HAND-SCHLÄFEN-GESTEN

Die Schläfen sind ein sehr verletzlicher Teil im menschlichen Gesicht: So sorgt ein Schlag auf die Schläfe schnell für den Verlust des Gleichgewichts oder führt gar zur Bewusstlosigkeit. In der Antlitzdiagnostik oder Blickdiagnose stehen eingefallene Schläfen für den massiven Verlust an Vitalität. Aber auch eine Geste kann diese mangelnde Vitalität andeuten: So verrät die Gestik des Mannes auf dem Foto, dass er gerade unter größtem Energieverlust leidet. Unterbewusst versucht er, durch Reiben die Vitalkräfte zu stimulieren und sich wieder ins Gleichgewicht zu bringen.

Wenn wir uns an die Schläfe fassen, fühlen wir den Verlust an Vitalität, weswegen wir uns dann gern an dieser Stelle des Gesichtes reiben. Das Foto der Frau zeigt aber noch eine weitere Komponente: Sie spürt nicht nur den Verlust ihrer Vitalität, sondern empfindet gewisse Einflüsse von außen als bedrohlich. Vielleicht sind sie es auch, die für den Vitalitätsverlust verantwortlich sind. Sie möchte sich daher abschotten, ihr Blickfeld bewusst eingrenzen, um so jeglicher Beeinflussung zu entgehen.

Das Foto dieses Mannes zeigt eine Geste, die uns immer wieder begegnet. Dem Gegenüber den Vogel zeigen oder sich selbst an die Schläfe tippen hat tatsächlich etwas mit dem »Du tickst nicht richtig« zu tun, das wir dahinter kennen oder vermuten. »Nicht richtig zu ticken« meint in diesem Falle aber noch mehr: »Kehre um. Mache es anders. So wirst du dich verletzen, etwas verlieren oder nicht verkraften können.« Der Zeigefinger betont mit dem Tippen auf die Schläfe unsere Vitalität und somit den Preis, den wir für unser »Falschticken« bezahlen würden.

Die Wangenknochen versinnbildlichen Führungsanspruch: Je höher und deutlicher erkennbar die Wangenknochen im Gesicht eines Menschen stehen, desto mehr bringen wir diesen unterbewusst mit Macht und Autorität in Verbindung. Solche Personen wirken auf uns kämpferischer, autoritärer und einflussreicher. Daher betonen einige ihre Wangen durch Schminken, Make-up, andere wiederum tippen sich auf die Wange oder lassen gelegentlich die Finger über die betroffene Stelle streifen. Auch die Frau auf dem Foto gibt zu verstehen, dass sie klar sehen, verstehen und führen will. Diese Geste sagt zusammengefasst: »Ich führe durch mein Wissen. Ich weiß mehr! Ich bin ein scharfer Beobachter!«

HAND-HAARE-GESTEN

Bei jeglicher Art von Stress und Unbehagen führen wir gern die Hand zum Kopf. Die Haare bieten uns eine Fläche zum Festhalten, Glattstreichen oder Aufwühlen, wodurch wir Stress abbauen können. Wir nehmen dann gern eine Pose ein, die wir aus der Kindheit kennen. Häufig fühlen wir uns im Anschluss schnell wieder wohler. Frauen nehmen auch gern eine Haarsträhne in die Hand und drehen diese um ihren Finger, während Männer mit ihrem Bart »spielen«.

Wenn Frauen beginnen, mit den Händen symbolisch ihre Haare zu kämmen, bedeutet dies, dass sie Besorgnis oder Angst beschleicht. Die intuitive Frau hat ein ungutes Gefühl. Dieses muss nicht situationsbezogen sein, sondern kann sich auch auf ein Ereignis an einem anderen Ort beziehen. Das Kämmen gaukelt ihnen ein Gefühl von Sicherheit vor, das sie aus ihrer Kindheit kennen: So kämmen oder flechten Mütter die Haare ihrer Mädchen, was sie geborgen und beachtet fühlen lässt. Auf die Mütter wirkt diese Geste dann ebenfalls beruhigend.

Haare stehen für Kraft und Vitalität – wer sich also mit den Händen durch die Haare streicht, hat alles unter Kontrolle oder möchte sie erlangen. Diese Geste ist bewusst affektiert, da sie größtmögliche Aufmerksamkeit verspricht. Da sie jedoch sehr offensiv ist, wir uns aber gern weniger auffällig die Kontrolle sichern, wird diese Geste häufig mit einem Blick nach unten verbunden. Der fehlende direkte Augenkontakt lässt das hinter der Geste verborgene Vorhaben unauffälliger und unschuldig wirken.

Hinweis: Auch bei dieser Geste gibt es Abwandlungen. Insbesondere, wenn nicht viel Haar vorhanden ist oder der Mensch nicht Hand an seine Frisur legen möchte.

Dieses Bild ist gleicher Aussagekraft und symbolisiert Kraft. Durch das zusätzliche Öffnen des Bereichs der Achselhöhlen wird ein Moment der Stärke gezeigt. Hier »sitzt« normalerweise der Angstschweiß. Indem dieser ausbleibt, macht man deutlich: »Hersehen! Ich habe keinen Grund zur Angst. Ich muss nichts fürchten. Ich habe alles unter Kontrolle.«

HAND-NACKEN-GESTEN

Diese Geste steht für fehlendes Selbstvertrauen. Es muss sich dabei allerdings nicht um einen generell von Selbstzweifeln geplagten Menschen handeln, sondern kann rein situationsbedingt sein: Nur in der momentanen Situation ist das Selbstbewusstsein stark eingeschränkt. Wir verwenden diese Geste auch gern, um Stress abzubauen. Wichtig ist dabei, ob der Blick abgewendet wird. Die Fotografien zeigen zwei Beispiele: Ist der Blick wie auf dem ersten Bild nach unten gerichtet, ist das Selbstvertrauen in der aktuellen Situation schwerer beschädigt als auf dem zweiten Bild. Selbst ein Augenkontakt ist hier nicht mehr erwünscht.

Diese Variante zeigt die gesteigerte Version der vorherigen Geste. Nackenschläge, Aggressionen oder innere Konflikte werden durch vielerlei Situationen oder durch andere Menschen ausgelöst. Diese defensive Haltung (die Hände sind nicht auf ein Gegenüber gerichtet) kann der Anfang einer großen Niedergeschlagenheit sein oder aber die Fanfare zum Gegenangriff. Es droht zwar eine Niederlage, doch noch ist offen, ob sie angenommen oder abgewendet wird. Da diese Geste nicht sehr positiv auf andere wirkt, kombiniert sie das Unterbewusstsein häufig mit einem Durch-die-Haare-Streichen. So soll der Gesprächspartner vom Negativen der Geste abgelenkt werden. Menschen reagieren wie Säugetiere bei Aufregung oder Frustration oft mit einer körperlichen Reaktion im Nacken, sodass sie sich in solchen Situationen an diese Stelle fassen.

Das Kratzen am Hinterkopf zeigt emotionales Unbehagen, große Zweifel und Unsicherheit. Man will etwas sagen oder machen und rechnet anschließend mit dem Schlimmsten: »Erwartet mich ein Nackenschlag? Wird es unangenehme Konsequenzen haben? Wird es mich den Kopf kosten?« In jedem Fall ist die nun kommende verbale Reaktion mit Vorsicht zu genießen. Meist folgt ein Geständnis oder eine Lüge.

»Schaut her, ich habe keinen Angstschweiß. Ich bin hier der Größte. Ich bin derjenige, der das Sagen hat!« drückt die Geste auf dem rechten Bild aus, die wir bereits in ähnlicher Form von den Hand-Haare-Gesten kennen. Chefs und Vorgesetzte verwenden diese Geste gern in Besprechungen und Meetings. Sie symbolisiert Selbstsicherheit und Überlegenheit und wird fast ausschließlich von Männern dargeboten. Hier kann sich jemand ausbreiten. Hier fühlt sich jemand mächtig. Diese Geste ist aber auch

ein Zeichen von Wohlbefinden, aber nur, wenn sie nicht länger als zehn Sekunden andauert – ansonsten tendiert sie zum Negativen und ist als Dominanzgeste zu sehen.

In meinem Berufsleben durfte ich selbst oft eine solche Geste bei meinen Vorgesetzten wahrnehmen und habe diese sicherlich als Chef ebenso häufig verwendet. Besonders unangenehm fiel mir diese Geste auf, als ein Neurologe meinem Vater erklärte, dass er an ALS erkrankt sei und dass es hierfür keine Hilfe gäbe. Zeitgleich mit dieser Geste fielen die Worte: »Da haben sie sich ja die schlimmstmögliche Krankheit ausgesucht!« Diese Geste und seine Worte ließen einen tiefen Einblick in die menschlichen und beruflichen Qualitäten des Neurologen zu. Gesten und Worte gehen also oft Hand in Hand.

ERGÄNZENDE GESTEN

Diese Haltung zeigt, dass unser Gegenüber Zeit gewinnen oder einer stressigen Situation entfliehen möchte. Die Brille am Mund wirkt nachdenklich, so, als würde sich der Mensch mit unserem oder einem anderen wichtigen Anliegen beschäftigen. Doch dies ist nur scheinbar der Fall, in Wahrheit wird diese Geste oft unterbewusst eingesetzt, um Zeit für eine Antwort zu gewinnen. Sie symbolisiert: »Ich brauche mehr Zeit oder mehr Informationen, um zu einem Entschluss oder zu einer Antwort zu gelangen!« oder auch »Ich möchte hierzu eigentlich nichts sagen, bevor ich nicht zumindest ausführlich darüber nachgedacht habe!«

Generell gilt: Immer, wenn die Brille den Bereich um die Augen verlässt, verliert sie ihre eigentliche Funktion. Sie dient nicht mehr als Hilfsmittel für ein besseres Sehen oder »Durchblicken«, sondern wird zu einem Werkzeug, um eine (emotionale) Situation oder einen Gedankengang zu »unterstreichen«. In diesem Fall möchte der Herr besonders nachdenklich und aufmerksam wirken (siehe auch die in Falten gelegte Stirn). Seine ganze Konzentration gilt dem Moment.

Ein Kratzen im Gesicht ist ein Zeichen für große Verlegenheit: Da läuft etwas gar nicht nach Plan, da ist etwas Unerwartetes in den Weg geraten. Der Betroffene ist um eine Antwort oder eine Reaktion verlegen, benötigt mehr Informationen oder – noch besser – mehr Zeit, um angemessen reagieren zu können. Wird er nun sofort zu einer Antwort gezwungen, kann sich daraus häufig eine Lüge entwickeln. Diese Geste zeigt also große Unsicherheit und Zweifel. Vornehmlich erfolgt diese Geste mit der Führhand, Rechtshänder führen sie also beispielsweise mit ihrer rechten Hand aus.

Wer mit einer oder beiden Händen auf seinem Gesicht mehrfach auf und ab reibt, zeigt emotionale Hochspannung. Dieser Mensch fühlt sich in der akuten Situation auf das Äußerste gefordert. Besonders bei kraftraubenden Tätigkeiten oder stressreichen Situationen neigen Menschen zu dieser wenig

versteckten Geste. Einmal angewendet, müssen wir ihr nicht allzu viel Bedeutung beimessen. Ist diese Geste jedoch häufig bei dem Betroffenen »anzutreffen«, so kann sie der Vorbote eines »Burn Outs« sein: Die Person lebt und agiert über ihre Verhältnisse hinaus und die Kraftreserven gehen zur Neige. Wenn keine Konsequenzen daraus gezogen werden, kann das Immunsystem dadurch nachhaltig geschwächt werden.

Hände, die nicht das Gesicht berühren, aber in dessen Nähe geführt werden, sind in ihrer Aussagekraft sehr zweifelhaft. Sie werden gern genutzt, um Positionen theatralisch oder eindringlicher zu unterstreichen oder um die eigene Persönlichkeit hervorzuheben. Sie können aber genauso gut dazu dienen, dem Gegenüber Offenheit zu vermitteln: »Sieh her, meine Hände sind nicht versteckt. Ich habe nichts zu verstecken! Du kannst mir vertrauen.« Die Hände vor oder in der Nähe des Gesichts können aber auch ein erster Hinweis auf die emotionale Situation des Gestikulierenden sein: Der Mensch will sich stärker mitteilen oder etwas unterstreichen. Nicht zuletzt kann eine derartige Geste aber auch den Versuch darstellen, die Hände auf diese Weise im Griff zu behalten, damit diese eben nicht zu den unterschiedlichen Stellen im Gesicht wandern – und der Mensch sich dadurch verrät.

Schluss

Was ist gemeint, wenn wir sagen, dass wir »die Hände vor das Gesicht schlagen«?

Es ist ein Eingeständnis, dass wir mit einer Situation nicht zurechtkommen, uns in ihr hilflos fühlen und uns gern vor ihr verbergen würden. Wir möchten unser Gesicht hinter den Händen verstecken, damit wir in unserer Hilflosigkeit nicht erkannt werden, damit wir nicht preisgeben, was sich auf unserem Gesicht abspielt. Die Maske, die zu fallen droht, soll weiter bestehen bleiben. Doch die Hände vor dem Gesicht verbergen weit weniger als uns lieb ist, sie verraten bereits, was es zu verstecken galt.

Am Ende dieses Buches dürfte jedem klar sein: Die Hände im Gesicht verstecken rein gar nichts. Im Gegenteil: Sie betonen eine Haltung, eine Emotion oder eine Absicht – alles Unsichtbare wird durch diese Geste erst recht sichtbar. So sind Gesten immer dann besonders verräterisch, wenn sie gefühlsmäßig nicht mit dem Gesagten übereinstimmen. Dies ist beispielsweise der Fall, wenn ein Gesprächspartner uns mit seinen Worten zum Sprechen und so zu einem tiefen Einstieg in ein unangenehmes Thema auffordert, dabei aber symbolisch und unbewusst mit dem Zeigefinger seine eigenen Lippen schließt.

Die weltweit erfolgreiche amerikanische Fernsehserie »Lie to me« wirbt mit dem Untertitel »Words can lie – Faces don't«, also: Worte können lügen, das Gesicht kann es nicht! Dem kann ich als Gesichtleser nur zustimmen und darf ergänzen: auch Hände sind Botschafter der Wahrheit. Wir glauben, sie bewusst steuern zu können – dabei sind sie jedoch häufig die »Handlanger« unseres Unterbewusstseins.

ÜBER DEN AUTOR

Der examinierte Pädagoge Eric Standop begann seine berufliche Laufbahn in der Unterhaltungsbranche. Schnell gelang ihm der Aufstieg, und er arbeitete in vielen Unternehmen, zuletzt im Bereich Computerspiele, in leitenden Funktionen. Auf dem Höhepunkt seiner Karriere veranlassten ihn Krankheit und Oberflächlichkeit der Branche dazu, seine Laufbahn abrupt zu beenden. Er stieg aus und beschäftigte sich aus persönlichem Interesse mit Ernährungstheorien, Entspannungstechniken und dem Gesichtlesen. Er bereiste die Welt und fand in einem alten geduldigen Gesichtlesemeister einen Mentor, der ihn diese Techniken jahrelang lehrte. Durch ihn lernte er, wie sich Gesundheit und Ernährung, aber auch die Persönlichkeit im Gesicht eines jeden Menschen erkennen lassen. Dieses Wissen komplettierte er auf weiteren Reisen durch Südamerika und Asien, wo er bei Meistern ihres Fachs hinzulernte. Heute, viele Jahre später, berät und unterrichtet Eric Standop als Gesichtleser Menschen in Europa und Asien. Dabei nutzt er die in Europa bekannten Techniken ebenso wie das chinesische Gesichtlesen Siang Mien.

eric standop Facereading ACADEMY

Termine und Ausbildungen unter:
www.readtheface.com
www.gesicht-lesen.de
www.facebook.com/readtheface

BILDNACHWEIS

Bilder von der Bilddatenbank www.shutterstock.com: S. 6 u. S. 77 #144298723 © luminaimages; S. 9 #133898864 © paulaphoto; S. 13 #163289318 © Val Shevchenko; S. 16 #140524282 © Raisa Kanareva; S. 18 #121130065, S. 46 #142067341 u. S. 101 #181040882 © Rido; S. 25 #143065891 © bikeriderlondon; S. 29 #157245095 u. S. 54 #120215275 © Ollyy; S. 30 #183694475 © Csaba Deli; S. 32 #184575602, S. 47 links #191072471 u. S. 102 #193708805 © PathDoc; S. 35 #167753183 © baki; S. 36 #56458105 © BortN66; S. 37 #122519632 © Glaze Image; S. 38 #185022443, S. 39 #138540053, S. 41 rechts #185041904 u. S. 44 #176284634 © Vladimir Gjorgiev; S. 40 #106684187 © Diego Cervo; S. 42 #149173502 © wavebreakmedia; S. 47 #114503365 u. S. 103 #114503404 © karamysh; S. 49 #84570961 © Olga K; S. 50 #191178497 © shipfactory; S. 51 #192108161 © woyzzeck; S. 53 #175669328 u. S. 106 #160165658 © Aletia; S. 55 #144169456 © rui vale sousa; S. 57 #107556647 © Michal Kowalski; S. 58 #80921989 © Edw; S. 59 #63513442 © Iurii Davydov; S. 60 links #49534033 © Kathleen Spencer; S. 61 #106187039 © Diego Cervo; S. 63 #183873713 © ARENA Creative; S. 64 #183878786 u. S. 96 #113539090 © Piotr Marcinski; S. 67 #165375443 © Ozgur Coskun; S. 69 #32205352 © vikiri; S. 70 #192307634 © g-stockstudio; S. 72 #88619008 © Patricia Hofmeester; S. 74 #98676371 © mykeyruna; S. 78 #111571499 © auremar; S. 79 #134563682 © Jeffrey J Coleman; S. 80 oben #130770806 © BUCHAKA ALEXANDER; S. 81 #11666749 © Pavel L Photo and Video; S. 85 #40237666 © benik.at; S. 87 #142472185 u. S. 89 #197623268 © 9nong; S. 88 #101599543 © Firma V; S. 90 #84843925 © Shots Studio; S. 92 #151173692 © Viorel Sima; S. 95 oben #26842519 © studio online; S. 98 #131913749 © Maria Maarbes; S. 99 #152247395 © Rugdal; S. 105 #9420064 © iofoto

Bilder von Richard Pilnick (www.richardpilnick.com): S. 31, S. 41 links, S. 43, S. 56, S. 60 rechts, S. 62, S. 65, S. 66, S. 73, S. 75, S. 80 unten, S. 83, S. 84, S. 86, S. 91, S. 94, S. 95 unten u. S. 97

Bild von Eric Standop: S. 109

Außerdem vom Autor erschienen im Schirmer Verlag

Philipp Katumba
Eric Standop
Gesichtlesen
Krankheiten sehen und verstehen
256 Seiten
ISBN 978-3-8434-1113-4

Eric Standop
Gesichtlesen
Charakter und Persönlichkeit
224 Seiten
ISBN 978-3-8434-1069-4

Eric Standop
Gesichtlesen
Lügen erkennen, entdecken, entlarven
ca. 240 Seiten
ISBN 978-3-8434-1146-2

Ab Oktober 2014 erhältlich!

Eric Standop
Gesichtlesen
Mineralstoffmangel und Stoffwechselschwäche erkennen und ausgleichen
112 Seiten
ISBN 978-3-8434-5067-6